MÃOS A OBRA

A arte de empreender

NOTA DO AUTOR

Escrevi este livro com o intuito de despertar nas pessoas o desejo de serem livres, donas de seus próprios negócios.

Gostaria que cada leitor, despertasse aquilo que já existe em seu interior, mas que por um motivo ou outro ainda não conseguiram se encontrar com o seu próprio eu e desenvolver uma atividade no mundo corporativo.

Neste trabalho, estaremos relatando algumas experiências, vivenciadas tanto como empreendedor e, ainda como consultor empresarial.

Estaremos repassando os ensinamentos que obtivemos no desejo de alcançar nossos objetivos.

Eles ajudarão também à aqueles que têm um sonho, mas não sabem como começar a caminhada para alcançá-lo ou que por suas razões pessoais não conseguiram ainda dar o primeiro passo.

Alguns relatos de aprendizados que consideramos ser muito úteis para aqueles que pretendem alçar voos solo e empreender seus próprios negócios.

Também, apresentamos alguns exemplos de sucessos de pessoas que conheci e que empreenderam, que deram a volta por cima e que se superaram, e se transformaram em grandes empreendedores, construindo verdadeiros impérios.

Este livro possibilitará noções de empreendedorismo, técnicas de mercado e experiências, que consideramos importante no ensinamento, para a Arte de Empreender.

Apresentaremos ainda, dicas e noções de como montar e gerir seu próprio negócio com base em experiências de pessoas que venceram e subiram ao pódio. Bom proveito!

INTRODUÇÃO

Empreender é se apaixonar todos os dias.

É estar o tempo todo pensando em realizações, em mudanças, em construir algo para si e para os outros.

Aqueles que já deram seus primeiros passos no empreendedorismo podem confirmar com toda certeza o que aqui afirmamos sobre o prazer que é estar em constante movimento, realizando feitos aparentemente impossíveis, trazendo novidades, causando transformações no dia a dia das pessoas.

Há quem diga que não conseguiria viver se não empreendesse todos os dias.

Veja como exemplo aquelas pessoas que já passaram pela vida e hoje na terceira e melhor idade não entregam os pontos e se mantem de pé, ativas graças ao empreendedorismo que mantem dentro de si.

Não há nada mais prazeroso do que ver realizados seus sonhos, do que acompanhar de perto algo se transformando e acontecendo, que nasceu do nada ou que era praticamente impossível se realizar, mas que você foi acompanhando e fazendo acontecer.

Todavia este sentimento de prazer só pertence a aqueles que fazem, que tem a coragem de tomar decisões, que não enxergam o copo meio vazio quando ele está na metade mas sim o enxergam meio cheio.

A arte de empreender é a arte de construir e transformar.

Ao longo dos anos participei da vida de muitas pessoas que compartilharam comigo suas intenções e conforme o tempo passava, eu as admirava cada vez mais ao vê-las alcançando seus objetivos e crescendo profissionalmente e financeiramente em cima de tudo aquilo que elas planejaram.

Após ler este livro, você estará pronto para viver suas próprias realizações e empreender com segurança e sucesso.

Antes de qualquer ato empreendedor, mantenha sempre a autoestima elevada!

Atitudes que fortalecem sua autoestima:

1. Aprender a falar não
2. Impor limites nas pessoas
3. Valorizar suas qualidades
4. Evitar relacionamentos destrutivos
5. Ter pensamentos positivos
6. Criar projetos para o futuro
7. Ter um hobby
8. Cultivar as amizades
9. Fazer planos e sonhar
10. Cuidar de si mesmo
11. Não deixar que as críticas alheias lhe derrubem
12. Aprender com os erros

A Autoestima elevada faz com que você enxergue sempre as oportunidades, faz com que você creia que as coisas são possíveis e realizáveis.

Ela também torna você mais corajoso para tomar decisões e ser determinado com seus objetivos.

Mantenha sempre a autoestima elevada.

CAPÍTULO 1 – O que é ser Empreendedor?

" Já que você tem que pensar de qualquer forma, pense grande. " **Donald Trump (empresário, um dos homens mais ricos do mundo, autor e apresentador)**

No dicionário Aurélio a palavra Empreendedor significa " *Que ou aquele que empreende, que é animoso para empreender, trabalhador, amigo de ganhar a vida* "

Todo aquele que cria, que transforma ideias em realidades, desejos em feitos, sonhos em acontecimentos reais no tangente a negócios, é um empreendedor.

Construir, realizar, fazer com que as coisas sejam possíveis são feitos aplicados por empreendedores.

Esta qualificação não requer formação superior, não existe faculdade para isso a não ser a faculdade da vida.

Alguns nascem com o tino comercial, outros se aprimoram, outros ainda aprendem com alguém mas todos eles, todos os empreendedores sem exceção tem em comum o desejo de empreenderem, de fazer acontecer e de realizar.

Transformam pequenas ideias em grandes negócios, criam mobilidades que jamais se imaginaria que fossem possíveis, constroem saídas para qualquer adversidade e necessidade, esses são empreendedores.

Um empreendedor não necessariamente tem que ser o dono do seu próprio negócio.

Um funcionário de uma empresa seja ele gerente, diretor também pode ser um empreendedor nos atributos da sua função, gerenciando, dirigindo, criando saídas e novidades produtivas dentro da empresa em que trabalha.

Mente criativa, que consegue criar resoluções fazem parte também do empreendedorismo.

Em 2003 eu resolvi empreender em uma loja de calças jeans no Bairro do Brás em São Paulo e conheci neste mesmo ano um jovem que trabalhava como funcionário em uma lavanderia industrial próximo a minha loja.

A função dele na verdade era de fazer tingimento de calças jeans.

Por uma questão de ética vou preservar aqui o nome dele e de sua lavanderia.

Dentro dele já há muito tempo havia o desejo de ter a sua própria lavanderia industrial e ele vinha se preparando para isso.

Entrou em um curso de química voltada a tingimento de roupas e enquanto trabalhava como funcionário de dia, a noite ia para o curso.

Visionário, passou anos juntando suas economias no sonho de montar o seu próprio negócio.

Em uma das conversas que tivemos, ele me disse que estava aprendendo a trabalhar duas vezes, uma no próprio trabalho o qual era funcionário e outra no curso que fazia no período noturno.

Certo tempo ele já tinha suas economias guardadas, não exatamente tudo que precisava para investir, mas, já havia alcançado uma quantidade suficiente para começar o seu negócio.

Como já havia muitos anos que trabalhava em uma empresa para terceiros ele pediu a conta, fez um acordo e saiu de lá com um bom dinheiro.

Havia também se formado em seu curso e então em uma reflexão, ele entendeu que era hora de partir para a carreira solo, ou seja, montar seu próprio negócio.

No começo e como todo começo, enfrentou as mais diversas dificuldades, mas como ele era uma pessoa determinada, foi superando as adversidades e em 2006, três anos depois ele já estava com a sua gigante lavanderia industrial em Santa Catarina tingindo calças jeans para várias lojas e indústrias.

Já havia inclusive comprado caminhões para levar e trazer as peças aos lojistas e tinha como um de seus clientes inúmeras lojas do Brás, um bairro em São Paulo conhecido tradicionalmente pelo comércio de vestimenta barata.

A grande maioria das pessoas tem dentro de si um lado empreendedor.

Basta somente descobrir esse perfil e aflorá-lo!

CAPÍTULO 2 – Como nascem os empreendedores

" Não vá dormir pensando que algo é impossível, você pode acordar com o barulho de alguém realizando o que você considera impossível " **Henry Ford (fundador da Ford Company – Engenheiro, um dos maiores e mais poderosos empreendedores do mundo)**

Geralmente chega um certo momento da vida, principalmente daquelas pessoas que não conseguem se encontrar na vida profissional em que ela começa a olhar em volta do mundo e de si mesma tentando achar algo que a faça feliz, que a complete.

Ela já passou por diversos empregos e nunca foi feliz em nenhum deles, fez diversos cursos que achava interessante, mas nunca conseguiu aplicá-los em sua vida real. Nesse instante da vida parece que ela se perdeu no caminho e ficou sem direção, sem o norte a seguir.

Passa os dias procurando novos empregos, entregando currículos, fazendo entrevistas mais para ter o ganho de cada dia do que para se satisfazer profissionalmente.

Não consegue entrar no emprego dos sonhos e às vezes nem naqueles que poderiam ajudá-la financeiramente, mas não era do seu gosto, serviria apenas como um quebra galhos momentâneo.

O tempo vai passando e a sensação de vazio aumenta, se alastra por dentro e vem então à preocupação com o amanhã, a autoestima fica baixa e ela sem horizonte se vê forçada a tomar uma atitude revolucionária. Parte então para o empreendedorismo.

Outro tipo de pessoa é aquela que já nasce com o tino comercial, conhece um pouco de tudo, estuda um pouco de tudo, ouve pessoas com as mais diversas opiniões, observa vários tipos de negócios, tenta se encontrar em algum deles, projeta-se neles inclusive, mas mesmo assim com tudo isso não consegue começar o seu próprio negócio e quando consegue, acaba fazendo aquilo que não queria, ou que não gostava.

Começa-se então na vida desta pessoa um martírio, pois a sua luta não é para fazer o negócio prosperar e sim para conseguir suportá-lo durante os dias até que dado momento resolve abandoná-lo ou fechá-lo e a partir daí começa-se outra guerra interna na vida dessa pessoa.

Há também aquelas pessoas que já herdam algum negócio geralmente vindo de família.

Assumem uma empresa ou um comércio pelo qual nunca demonstrou nenhum interesse, mas resolve administrá-lo.

Sequer trabalhou nele e por ter assumido de forma fácil acha que sabe como conduzi-lo ou administrá-lo.

Geralmente este negócio que já vinha há décadas com sucesso começa a ter problemas de ordem financeira, operacional e administrativa.

 A infelicidade desta pessoa que já existia no começo passa agora a ficar mais forte no fim, pois além de não gostar do que fazia, de não ter sabido como administrá-lo, ainda vai amargar o gosto de perdê-lo de forma sombria e humilhante.

Geralmente é dessa forma que nascem os empreendedores, pessoas que atravessam dificuldades e que se superam, que por não desistir nas suas buscas alcançam ainda que levem tempo, o objetivo almejado.

Empreender é se superar, é tirar algo de dentro e transformá-lo em algo realizado, é por suas ideias em prática, trazer a existência àquilo que não existe. Se vai dar certo ou não é uma outra situação porém empreender é transformar, realizar, criar e fazer acontecer.

Hoje em dia o que mais se vê pelas ruas, são pessoas que estudaram para fazer uma coisa, mas acabaram fazendo outras totalmente diferentes daquilo que planejavam porque se encontraram com o novo.

Nada mais comum se deparar no dia a dia com engenheiros, advogados, médicos, economistas que tem o seu próprio negócio totalmente diferente do que eles estudaram para seguir na carreira.

Em meados de maio de 2005 eu fui para Goiânia montar uma indústria têxtil com o foco de produzir e vender calças jeans.

Conheci um sócio que já era de lá e juntos desenhamos esse projeto.

Como eu já estava no ramo aqui em São Paulo, no bairro do Brás, e já conhecia todo o " modos operandi " do negócio, levei a ideia e montamos uma fábrica em Goiânia.

Entre idas e vindas, no dia a dia conheci um vendedor que por uma questão de ética vou chamá-lo de MJ.

MJ era uma pessoa altamente comprometida com o que fazia, dedicado, trabalhava na parte de vendas e como era muito prestativo, ajudava também na parte organizacional.

MJ estava sempre pronto para tudo, era voluntário para todas as tarefas que a fábrica precisava.

Ele era também muito observador e quando não sabia uma coisa, se esforçava para aprende-la por si só.

Como ele conhecia muito bem todo o estado do Goiás, eu pessoalmente saia para viajar com ele e vender calças jeans por todas as cidades e passávamos dias e dias longe da capital Goiânia.

Saiamos com o carro lotado de peças e voltávamos com o dinheiro na mão.

MJ era uma pessoa muito bacana, de fácil relacionamento e fazia amizade com todo mundo, era simpático e um baita amigão.

MJ não tinha formação acadêmica mas era muito trabalhador e esforçado.

No final de 2005 a fábrica acabou não dando certo e fechamos as portas.

Pagamos todo mundo e cada um seguiu o seu caminho.

Voltei para São Paulo e fiquei muitos anos sem contato com o pessoal de lá.

Em 2010 fui passar uns dias em Goiânia, rever os amigos e por sinal lá estava MJ, trabalhando timidamente com confecção de outros produtos vestuários junto com a mulher.

Na sua própria casa ele acomodou um espaço dedicado a produção de peças de roupas e fornecia para uma pequena clientela.

Em 2013 eu fui passar o ano novo em Goiânia e vi o MJ muito bem sucedido, feliz da vida, prosperando a passos largos.

Passamos horas e dias conversando e MJ me contou que ao longo dos anos se associou com um amigo que era contador na cidade mas que não sabia como a construir uma empresa de sucesso, não tinha carisma para atrair clientes e não conseguia montar uma carteira de negócios.

MJ que era uma homem altamente comercial, tinha o dom de vender tudo e qualquer tipo de mercadoria e serviços que se oferecesse a ele, rapidamente se juntou ao amigo e disse, você cuida da contabilidade e eu dos clientes.

Fecharam negócio e a sua confecção ficou para a esposa que a toca até hoje com a supervisão do marido, e ele mesmo, além desta confecção com a esposa, tem um escritório de contabilidade dentro de um shopping em Goiânia com mais de 250 clientes e em pleno crescimento.

Além disso, devido ao seu carisma, interesse pelo que faz e vontade de aprender e ter novos desafios, também assumiu a diretoria de marketing de uma fábrica de colchões.

Hoje inclusive MJ já se formou contador, de lá para cá ele além de trabalhar, estudava a noite contabilidade e hoje é um profissional e empreendedor completo.

A cada dia se torna mais bem sucedido e realizado.

O que ele fez nada mais foi do que tornarem possível e real aquilo que já existia dentro dele, ou seja, simplesmente a vontade de empreender.

CAPÍTULO 3 – Realize algo que você realmente deseja

" Tudo que um sonho precisa para ser realizado é alguém que acredite que ele possa ser realizado " **Roberto Shinyashiki (psiquiatra, empresário brasileiro, famoso escritor e palestrante**

É muito comum nos depararmos com sentimentos dos quais queremos fazer tudo e não fazemos nada, ou queremos fazer um pouco de tudo e acabamos fazendo nada de nada.

Quando a vontade de empreender vem ao nosso peito, logo de imediato aparecem com ela várias ideias das mais diferentes possíveis, algumas até assombrosas, mais não deixam de serem ideias.

Neste momento é quando começamos a olhar ao nosso redor e observar alguns amigos ou conhecidos que obtiveram sucesso empreendendo em alguma coisa que deu certo.

 Aí é a onde mora o perigo.

 Começamos a observar a felicidade destas pessoas em gerir o seu negócio, em contar os seus lucros, passamos a admirar seus investimentos e até a mudança de vida que elas estão tendo.

Neste caso, vale a velha máxima " PARA QUEM NÃO TEM UM CAMINHO A SEGUIR, QUALQUER CAMINHO SERVE " ; e o sucesso das outras pessoas passam a ser reflexões diárias no nosso interior.

Não levamos em conta neste momento o que o outro passou para chegar ao sucesso, sequer lembramos das dificuldades que ele enfrentou mas sobre tudo, nunca pensamos como e porque ele chegou nesse negócio.

Daí pra frente, aparentemente achamos o que fazer e o negócio do amigo ou do conhecido que deu certo para ele, subentendemos que dará certo para nós também.

Passamos então a ter algum negócio a se pensar, para quem não tinha nada ou nenhuma ideia, acreditamos já ter uma, e é aí que chegam com falsa ilusão a nossa mente, os pensamentos que meramente iludidos, falsamente nos encantam.

Nesse momento então começamos a comparar este negócio que aparentemente nos familiarizamos com outros que estamos vendo surgir no mercado e dentre os pontos comparados, analisamos fornecedores, custos de investimentos, trabalho para administrá-lo, onde buscar mão de obra qualificada, público alvo, pontos de vendas, escritórios entre outros fatores.

E esta análise se torna mais rápida à medida que temos o valor disponível para o investimento.

Um dos maiores erros em se empreender é deixar a ansiedade administrar o seu tempo.

Conheço casos de empreendedorismo que por ter-se o dinheiro de pronto em uma conta, pouco se fez o estudo sobre o negócio, rapidamente se saiu gastando e sem planejamento de forma que se acabou primeiro o dinheiro e na sequência o negócio em tempo recorde.

A ansiedade motiva a se fazer algo mas não deve ser ela a razão ou a forma de sua gerência.

Por fim esquecemo-nos de analisar e refletir um único e mais importante ponto do porque este negócio deu certo para seu amigo ou seu conhecido e não para você.

Não foi só porque ele ou ela estudaram o negócio a fundo, também não foi porque eles planejaram o negócio deles, muito menos porque eles tinham o dinheiro suficiente para investir e mantê-lo, mas sim por um único e grande motivo: ELES REALMENTE DESEJARAM O QUE ESTÃO FAZENDO; estão fazendo o que gostam e por estarem fazendo o que gostam e o que desejaram, tudo acabou dando certo para eles.

Quando se está fazendo o que realmente se gosta, ou fazendo o que realmente se desejou a fazer, tudo coopera para o bem.

As dificuldades se tornam aprendizados, os obstáculos são superados com alegria e confiança, o tempo dedicado ao trabalho se torna prazeroso e com isso flui-se o bem estar do empreendedor e do empreendedorismo.

Eis aqui um grande segredo para se dar bem no que faz, REALIZAR ALGO QUE VOCÊ REALMENTE DESEJA.

Este é o primeiro princípio para se empreender.

Com este princípio acredite, você já tem mais da metade das certeza que seu negócio vai prosperar.

Realizar algo que realmente se deseja é fazer do seu empreendedorismo o seu motivo de alegria.

Dele partirá invenções, novidades, não haverá o lamento mas sim a recompensa.

Segui aqui um exemplo que jamais me esqueço.

A mais ou menos 12 anos atrás, entre 2003 e 2005 o mercado imobiliário estava propício para comercialização de imóveis, os bancos estavam financiando com mais facilidade e o crédito estava sendo aprovado muito rapidamente.

Um empresário de São Paulo já com idade um pouco avançada que por ética não comentarei o seu nome, ao longo de sua vida mais ou menos a 40 anos atrás, havia construído um pequeno prédio com 72 apartamentos o qual recebia seus aluguéis.

Assim se deu por anos e determinada época ele decidiu vender o empreendimento de uma vez.

Contratou uma imobiliária de bairro cujo o dono era um corretor de imóveis muito simpático, trabalhador e trabalhava com a família.

Todavia este mesmo corretor dono da imobiliária não gostava do que fazia e apenas tinha o negócio como meio de sobrevivência.

Nem preciso dizer aqui que a imobiliária dele não conseguiu crescer, não prosperava.

Ele até conseguiu vender algumas unidades deste prédio do tal senhor, mas antes de terminar a venda das 72 unidades, a imobiliária dele quebrou e baixou suas portas.

Até então, nenhuma novidade, pois a forma com que ele cuidava do seu negócio só poderia caminhar para este fim.

Com ele trabalhava uma corretora que era apaixonada por corretagem de imóveis, ou seja, adorava o que fazia e trabalhava com gosto.

Ela sabendo do que se passava e naquele momento sem emprego, assumiu como autônoma a continuação da venda destes imóveis.

Vendeu um depois vendeu outro, recebia suas comissões e logo montou a sua própria imobiliária.

Montou inicialmente um escritório humilde, mas próspero e de lá foi fazendo seus negócios.

Ao longo do tempo foi mudando para escritórios mais modernos e bonitos e quando se deu por si, já tinha vendido todas as 72 unidades desse tal senhor e ela já estava em um belo escritório comercial de alto padrão, próprio em um bairro nobre de São Paulo

Entre todas as razões porque isso deu certo para esta corretora, a mais forte delas foi porque ela realmente estava fazendo o que gostava e por isso fazia com perfeição.

O resultado que ela obteve, sucesso sem limite.

CAPÍTULO 4 – Os 4 elementos necessários para se empreender

INICIATIVA:

" Se você não trabalhar pelos seus sonhos, alguém vai te contratar para trabalhar pelos dele. " **Steve Jobs (empresário americano, fundador da Apple)**

É o começo de tudo. Após todo o planejamento feito, tudo acertado, você já sabe o que quer empreender, já tem tudo pronto e armado; é hora de dar o primeiro passo.

É nesse momento que vem com todas as forças os sentimentos de dúvidas, será que é isso mesmo que eu quero ou será que é isso mesmo que eu devo fazer e um dos principais medos que todo empreendedor iniciante tem: E SE NÃO DER CERTO???

Este é o maior medo que todo empreendedor iniciante tem, principalmente porque esse medo não é o medo do próprio negócio em si de não dar certo e sim do que os outros vão pensar dele no futuro.

Este sentimento chega muitas vezes a paralisar o empreendedor; ele desenha todo o negócio e na hora de tomar a decisão de começar acaba desistindo pela insegurança do futuro sobre o que pensarão dele caso ele fracasse.

Principalmente se ele já é conhecido por ter uma família tradicional, ou ter tido um passado de sucesso pela família, ter estudado em bons colégios, ter sido muito bem relacionado, enfim, o medo do futuro faz com que ele nunca tenha a iniciativa de começar.

Toda grande caminhada começa pelo primeiro passo.

É muito importante deixar de lado os pensamentos futuros principalmente vindo de pessoas próximas sobre o que pensarão caso o negócio não venha a prosperar.

A INICIATIVA tem que ser tomada com confiança em você independentemente de qualquer outra coisa.

A INICIATIVA é o que promoverá o seu sucesso, será o ponto de partida de um caminho que poderá te trazer muitas bênçãos futuras. Tenha INICIATIVA para quaisquer coisas que você faça na vida.

Somente através dela é que se chegará ao sucesso.

Todos que venceram em suas vidas tiveram que ter INICIATIVAS para várias situações e graças a essas INICIATIVAS adquiriram além de sucesso, muita experiência de vida pessoal e profissional.

É sempre importante dar o primeiro passo e dali por diante, continuar caminhando.

CORAGEM:

> " O medo de morrer não te impede de morrer mas te impede de viver e vencer
> " **João Paulo Caram Tucci**

Algo que é fundamental para o sucesso é a CORAGEM seja ela na tomada de decisões como na resistência em atravessar as adversidades.

É ela quem te transforma num leão para o sucesso, que te faz experimentar o gosto da vitória, que tira o medo de perder e por estar sem esse medo a prosperidade vive rondando a sua porta.

A CORAGEM não significa ausência de medo, mas sim te habilita à prudência e a cautela para enfrentar e superar as adversidades da vida.

Sem ela jamais seria possível vencer as dificuldades que por si só aparecem no nosso cotidiano.

Ao longo de muitos anos empreendendo e estudando o empreendedorismo e seus empreendedores, pude observar que muitos deles que eram altamente inteligentes e preparados deixaram de vencer na vida porque tinha lhes faltado a CORAGEM para fazer acontecer enquanto que muitos outros que nada tinham porém possuíam uma CORAGEM tamanha, venciam por si só.

Isso não quer dizer que não tinham medo, ou que as notícias desfavorecedoras não os preocupavam, mas estas mesmas não eram capazes de fazerem com que desistissem dos seus sonhos de empreender.

Pode-se dizer então que para vencer é preciso ter CORAGEM, seja para enfrentar o dia a dia, seja para construir o seu negócio, ou seja, para administrá-lo.

PLANEJAMENTO:

> " Só alcança o sucesso quem planeja o caminho e age estrategicamente "
> **Robert Ambers (Filósofo, pensador e famoso escritor)**

Não conheço nada nessa vida que tenha dado certo sem PLANEJAMENTO seja ele financeiro, familiar, pessoal ou qualquer outro tipo de situação.

Nada dá certo se não houver um PLANEJAMENTO prévio.

É de fundamental importância que se aja de forma planejada em tudo o que se fizer na vida, é isso que te permitirá obter êxito, ter sucesso, manter as coisas sob controle, fazer prospecções futuras e obter resultados favoráveis.

O PLANEJAMENTO também evita situações inapropriadas de surpresa, evita sustos financeiros, falta de controle na administração do negócio e falta de recursos de investimentos na hora que mais se precisa.

Não adianta a pessoa ser altamente inteligente, eficaz, ponderada se na hora de empreender não se planejar.

Conheço diversos negócios que tiveram seus fins antes do tempo por falta de PLANEJAMENTO adequado, negócios estes inclusive que eram geridos por pessoas altamente eficazes, mas que não sabiam se PLANEJAR.

Conheci outros tantos também que a única coisa que tinham de momento era um belo PLANEJAMENTO e isto foi o suficiente para se começar e alcançar rapidamente o sucesso.

Para qualquer empreendedorismo que se for fazer qualquer decisão que se for tomar, ainda que em um rascunho pessoal PLANEJE suas ações, é isto que vai assegurar que o seu negócio ande sobre os trilhos do sucesso.

DISCIPLINA:

> " A disciplina é a mãe do êxito. " **Ésquilo (dramaturgo Grego, poeta e escritor de renome mundial)**

Seja o seu negócio do tamanho que for, iniciando ou já em andamento, o que determinará o sucesso dele será a DISCIPLINA que você tiver para com ele.

Eis aqui uma ferramenta de grande porte, de grande valor para a condução de qualquer negócio de sucesso.

É praticamente impossível se obter qualquer tipo de sucesso sem aplicar a DISCIPLINA no dia a dia.

Ela consiste em regras a serem cumpridas, métodos e procedimentos, condutas operacionais, administrativas, controle e gestão.

É considerado um hábito obrigatório para aqueles que almejam resultados positivos além de fazer com que o negócio mantenha-se sempre no caminho do êxito, no caminho do sucesso.

Esta ferramenta deve ser usada em todos os aspectos tanto para os procedimentos quanto para as pessoas.

É o grande segredo para se manter um negócio firme, consistente, sólido.

Junto com a persistência, é tida por muitas pessoas de sucesso como o elemento primordial para se alcançar e manter riquezas e vida sustentável.

Em meados de 1998, um grande amigo resolveu montar um negócio próprio.

Ele jovem, já tinha a veia empreendedora e analisando o que fazer, procurou um segmento que pouco havia até então se alastrado no mercado.

Decidiu seguir o caminho da podologia.

Manterei por ética, seu nome e o nome do seu negócio em sigilo.

Sem ter conhecimento do ramo, estudou os seguimento com muito fervor e junto com a sua dedicação e iniciativa, montou a sua primeira loja.

Esta loja, a primeira foi montada em um bairro afastado de periferia onde ele praticamente dormia dentro da loja, abria e fechava todos os dias inclusive finais de semana.

Tratava o seu negócio com muita seriedade e era digna de registro a coragem que ele tinha para acreditar em um negócio novo que dependia de mão de obra especializada o que também já não era tão fácil de se formar.

Muita gente não acreditava em seu negócio, apenas ele achava que poderia dar certo o que foi o suficiente.

Trabalhou duramente, dedicava finais de semana ao trabalho, estudava seu negócio como ninguém, se abdicou de alguns luxos e assim seguiu.

Começou a dar certo, abriu filiais e 15 anos mais tarde já estava com mais de 60 lojas e franquias em todo o Brasil.

Seu negócio se tornou gigante e o maior do seguimento.

O que ele fez nada mais foi do que um belo planejamento de negócios, teve iniciativa, coragem e disciplina.

CAPÍTULO 5 – 10 itens que jamais devem ser praticados no empreendedorismo

" A prudência determina o que é necessário escolher e o que é necessário evitar. " **André Comte-Sponville (filósofo francês, pensador e escritor)**

Há certos tipos de comportamentos que são deploráveis para quem pretende empreender, comportamentos que nunca, jamais, em hipótese alguma devem ser usados ou deva se manifestar no empreendedorismo ou no seu negócio em si. São eles listados abaixo:

IMPULSIVIDADE:

" As vezes falar demais é impulsivo, mas continuar falando é opção. " **Márcia Senna (arquiteta e paisagista)**

Eis aqui um comportamento venenoso, destrutivo para quem gere, administra ou pretende montar um negócio.

Quando você age com impulsividade, você está abrindo uma jaula muito perigosa onde dentro dela vivem sentimentos muito perigosos.

A impulsividade nos faz tomar decisões precipitadas e por consequência errôneas, quase sempre causando grandes estragos na organização e nos comprometendo de forma destrutiva no futuro seja com clientes, com fornecedores ou até com os próprios colaboradores da empresa.

Ao longo do tempo conheci vários negócios que tiveram suas portas fechadas antecipadamente por terem tido uma administração impulsiva.

IMPETUOSIDADE:

" Moral é o que te faz se sentir bem depois de tê-lo feito, e imoral é o que te faz se sentir mal. " **Ernest Hamingway (escritor americano)**

Embora pareça ser igual à impulsividade, eles apresentam algumas características diferentes.

A IMPETUOSIDADE faz com que você tenha sempre uma resposta ou tome uma decisão de bate pronto, sem nem sequer pensar um segundo para responder ou agir.

É a grande causadora das decisões mal tomadas e às vezes até das consequências catastróficas.

São vários os negócios que vieram por água abaixo devido à impetuosidade das respostas proferidas ou das decisões tomadas.

ANSIEDADE:

" Precisamos ser pacientes, mas não ao ponto de perder o desejo; devemos ser ansiosos, mas não ao ponto de não sabermos esperar. " **Max Lucado (escritor americano, pastor evangélico)**

Grande causadora das depressões nos empreendedores, muitas vezes estes mesmos empreendedores visualizam algo genial e acabam estragando o feito pela ANSIEDADE que tem, a pressa de querer fazer ou resolver algo fora do tempo ou antes dele.

Devido a ANSIEDADE você não consegue esperar o tempo certo para assinar um contrato, fechar um bom negócio, marcar uma reunião adequada, enfim, não consegue se expressar com clareza transformando o que era para ser um sucesso, em um fracasso.

FALTA DE CONTROLE:

> " O homem que não sabe dominar os seus instintos, é sempre escravo daqueles que se propõe satisfazê-los. " **Gustave Le Bom (psicólogo francês, físico e sociólogo)**

Nunca deixe o total controle do seu negócio delegado a outros ainda que estes outros sejam colaboradores da sua empresa.

Jamais esqueça de fazer um conta corrente de débitos e créditos diariamente e conferi-los corriqueiramente.

As pessoas têm as suas funções em uma organização, mas quem assina o cheque tem que saber para onde está indo o dinheiro, de onde está entrando, prazos de recebimentos e pagamentos, o que se está pagando e recebendo, para quem e de quem.

Empresas que trabalham com estoques principalmente devem ter um controle apurado, físico, controlado a risca por seu empreendedor.

Deve-se praticar sim o ato de delegar funções mas a conferência do andamento da empresa compete a aquele que tem a maior responsabilidade do todo ou seja, o próprio dono.

INSEGURANÇA:

> " De todas as coisas que possa usar, a tua expressão é, seguramente, a mais importante. " **John Ruskin (poeta, escritor, desenhista e crítico de arte)**

Umas das coisas mais difíceis no ambiente de trabalho e ter que lhe dar com pessoas inseguras, se deparar com pessoas que não assumem nada.

Líderes que agem com insegurança trazem instabilidade para a empresa e principalmente para a sua equipe, causando assim desorientação para os seus liderados.

A INSEGURANÇA paralisa, cristaliza as pessoas e uma pessoa paralisada tem menos chances de agir certo, obter resultados positivos, alcançar objetivos, cumprir metas e por consequência, crescer no seu negócio.

Este é um tipo de comportamento altamente contaminador, ele se alastra para todos aqueles que convivem com este tipo de pessoa.

O medo antecipado é pior do que o medo em si. Decisões tomadas por pessoas INSEGURAS ou ansiosas, quase sempre geram problemas.

AGRESSIVIDADE:

> " A agressividade é uma forma de mascarar a fraqueza. " **The Secret (livro – o segredo)**

Não há nada pior do que tratar de negócios com pessoas agressivas, pessoas que não respeitam a sua hora de falar, suas atitudes e nem suas opiniões.

Este tipo de comportamento é muito conhecido em diversos segmentos e torna-se infelizmente cada vez mais comum.

Respostas grosseiras, falta de atenção ao se comunicar com alguém, geram desconforto e muitas vezes até medo de se relacionar profissionalmente com um companheiro de trabalho prejudicando muito, o sucesso do negócio.

A AGRSSIVIDADE vai além das discussões internas, ele pode ser explícita simplesmente em um atendimento telefônico, em uma resposta por e-mail, em um retorno de um recado.

É preciso tomar muito cuidado com este tipo de comportamento pois ele pode afastar de você grandes pessoas que inclusive podem ser significativas para o seu sucesso.

OBSESSÃO:

> " O amor nasce de pequenas coisas, vive delas e por elas as vezes morre. "
> **George Lord Byron (poeta britânico, escritor)**

É normal que as pessoas queiram se dar bem na vida, no trabalho principalmente, mas, há caminhos éticos para isso.

Há quem seja capaz de tudo para se dar bem, inclusive age de forma desleal não se importando o quanto irá prejudicar o outro.

Não o bastante, ainda torce para que o outro, seja ele seu concorrente ou que tenha um negócio parecido com o seu ou trabalhe em uma função semelhante a sua, seja prejudicado de forma xotesca, baixa.

Essa OBSESSÃO pode muitas vezes prejudicar a si mesmo, causar um stress tamanho e principalmente fará com que você perca o foco do seu negócio.

Daí pra frente é questão de tempo para você e seu negócio ou seu emprego se autodestruírem.

A OBSESSÃO é muito pior do que se conhece ou se imagina.

ARROGÂNCIA:

" A arrogância é o reino sem a coroa. " **Texto Judaico**

Este é um comportamento dos mais insuportáveis e destruidores que existem no meio do empreendedorismo.

São aquelas pessoas que acham que sabem tudo e nada mais tem a aprender ou ouvir.

Não aceitam opiniões, se julgam únicas capazes de tomar decisões, se acham profundas conhecedoras do mercado, não dão e não aceitam receber feedbacks.

Um velho ditado diz " manda numa conversa quem escuta , não quem fala. " esta máxima juntamente com esta outra " julgue um homem por suas perguntas, não por suas respostas. " resumem bem qual deve ser a forma correta de se analisar ou agir em uma organização.

A ARROGÂNCIA atrapalha você inclusive de ouvir seus próprios clientes, as próprias opiniões de mercado e pode ter certeza de uma coisa, ninguém conhece mais o seu negócio do que os seus clientes.

Seja sempre ouvidos e haja com humildade.

A ARROGÂNCIA pode fazer com que seus funcionários inclusive aqueles que são muito bons irem trabalhar com o seu concorrente direto ou pior, ela pode fazer com que seus clientes vão gastar o dinheiro deles em outro lugar.

GANÂNCIA:

" Certamente, a onde muito se tem, pouco se divide, ou seja, a ganância não permite a partilha. " **Almany Sol (escritor romancista)**

Um dos piores comportamentos não só na vida profissional como na vida pessoal.

Cansei de ver famílias destruídas pela ganância pessoal, irmãos brigarem por impor direitos a mais do que os outros, criar razões para se obter vantagem, herdeiros destruírem patrimônios incalculáveis pela própria ganância.

Conheci certa feita um mestre do empreendedorismo que do nada construiu uma bela situação de vida financeira e ele uma vez me disse pessoalmente em um jantar onde estávamos a papear uma frase que jamais me esqueci:

" quem quer comer tudo sozinho, acaba engasgando. "

Esta máxima norteia a minha vida, serviu e me serve até hoje toda vez que vou prestar consultoria há um negócio.

Em outras palavras mais simples, é preciso engolir apenas aquilo que cabe na boca.

ESTAGNAÇÃO:

> " A rua para o fracasso é pavimentada com desculpas. " **Mark Bell (músico britânico)**

Essa é a forma mais usada hoje em dia no meio corporativo, o empreendedor ou o profissional acha que já sabe tudo e o que ele sabe nunca mais mudará.

Não se recicla, não se renova, não acompanha as mudanças do mercado, não faz novos cursos, não faz novos treinamentos, não estuda o seu próprio negócio e acha que vai conseguir concorrer com seus adversários que fazem exatamente tudo ao contrário dele.

Estes estagnados acham que o mundo os aceitará do jeito que são e para sempre.

Certamente, estes estão fadados ao fracasso correndo um sério risco de serem extintos do mundo corporativo.

Quando eu era bem jovem, na casa dos 14 anos de idade, tinha uma turminha que sempre nos encontrávamos em uma praça que ficava na esquina da minha casa.

Naquela praça passei alguns anos da minha vida junto com alguns amigos.

Com o tempo, fomos crescendo e a turminha foi mudando e cada um começou a seguir o seu caminho.

Vinte e seis anos depois reencontrei um velho amigo da praça que costumávamos estar sempre juntos.

Por questão de privacidade, manterei em sigilo o nome dele.

Vi que ele estava uma potência no mundo corporativo e então começamos a conversar sobre o passar do tempo.

Marcamos um almoço, nos encontramos e pusemos o papo em dia.

Ele já aos 40 anos, me disse que iniciou sua vida profissional aos 17 trabalhando em uma empresa de serviços terceirizados como funcionário.

Ficou ali por 2 anos, aprendeu o que era preciso, viu tudo o que não se podia fazer em um negócio para que pudesse dar certo e então aos 20 anos de idade partiu para o seu próprio negócio.

Começou humildemente, sozinho, em uma salinha de 30 metros quadrados, era uma espécie de faz tudo, trabalhava de 12 a 14 horas por dia inclusive sábados e domingos; e assim passou longos anos.

Foi crescendo sem pressa, investindo o que ganhava no próprio negócio, estudava e se reciclava através de cursos constantemente, viajava a negócios, participava de eventos e assim ele foi se fazendo.

Por estudar muito o mercado e ser disciplinado, nunca caiu nas tentações de aporte de dinheiro fácil, não era tomador de dinheiro a juros e não comprava aquilo que não precisava usar, ou seja foi construindo uma empresa enxuta.

Atravessou diversas dificuldades, ganhou e perdeu amigos, perdeu grandes amores mas nunca desistiu e sempre se atualizava no mercado.

O resultado disso foi que 26 anos depois quando o encontrei, ele já estava uma potência incalculável, com 12 mil funcionários, um prédio inteiro de 10 andares, próprio como escritório, inúmeros carros e dominando o seguimento de serviços terceirizados no Brasil.

Estava classificado como uma das maiores empresas no seguimento.

Dei os parabéns a ele pelas conquistas e fiquei admirado com tamanho sucesso que ele havia alcançado.

Em outras palavras, para tal sucesso ele usou simplesmente os princípios acima descritos.

CAPÍTULO 6 – A competitividade e a concorrência desleal

" Não é mais forte da espécie quem sobrevive, nem o mais inteligente. É o que melhor se adapta a mudanças " **Chales Darwin (biólogo e naturalista)**

Dizem que a concorrência de uma certa forma é um inimigo difícil de se guerrear, mais difícil ainda de vencê-lo. Há quem diga ainda que a concorrência é um dos fatores preponderantes para a quebra de uma empresa ou a falta de sucesso de um negócio. Na realidade, isto é uma grande mentira. Grandes vencedores agradecem a sua vitória aos concorrentes. A competitividade é necessária para mantê-lo vivo, atualizado, gerando novidades. É a competitividade que te faz se desenvolver, criar meios, mostrar que se você não se superar a cada dia, não fizer com excelência, alguém o fará no seu lugar e obterá o sucesso que era para ser seu. Sem a competitividade, você não teria motivos para querer crescer cada vez mais e mais. Ter um concorrente a altura o fará capaz de se superar diariamente e a superação é o motor propulsor do êxito. Grandes vencedores se superaram por diversas vezes na vida.

Porém existe algo que é muito perturbador no meio corporativo, é a tal da concorrência desleal. Tanto para quem a pratica como para quem a sofre, ambos estão seguindo para uma única direção; o fracasso.

Esta prática é deplorável, primeiro porque não te levará a lugar nenhum, tão pouco te trará o sucesso desejado e segundo que quem pratica esse tipo de concorrência geralmente está na ilegalidade do negócio ou está com a qualidade comprometida dos seus produtos ou serviços o que significa que será questão de tempo para alguém perceber e acabar por fim derrubando a empresa.

Jamais siga por este caminho, seja sempre um concorrente leal, mantenha sempre a melhor qualidade no que estiver fazendo e trabalhe sempre na legalidade. Desta forma você nunca terá problemas sem soluções e terá uma energia extra para se tornar um vencedor, um campeão de sucessos.

Outro ponto fundamental que deve ser observado com muita atenção no tangente a concorrência leal ou a competitividade sadia é o foco dedicado ao seu negócio. Muitas vezes no afã de querer se dar bem, visualiza-se o atropelo do seu concorrente ou seja, o desejo de destruir o seu concorrente é mais forte do que tentar fazer crescer o seu próprio negócio. Este desejo é mortal, pode-se dizer até que é suicida pois o tempo e a energia desperdiçada com o outro só fará com que você perca tempo de estar se dedicando ao seu próprio empreendimento. Assim na verdade você não estará destruindo o outro mas sim se auto destruindo.

Olhe pra frente, este é um dos melhores segredos do sucesso, preocupe-se em fazer a sua parte de forma correta e leal, dedicada e com excelência e deixe que o resto virá de forma natural e proveitosa.

Conheci em 2006 um pequeno empreendedor que tinha muita confiança em si mesmo. Preservarei por ética seu nome e sua empresa.

Ele atuava na área de segurança eletrônica, instalava câmeras de segurança e sistemas eletrônicos de seguranças em empresas e residências.

Começou pequeno, ele a esposa e mais um técnico e foi galgando espaço no mercado.

Como era muito simpático, fazia amizade fácil e além de estar sempre conquistando novos clientes, conseguia mantê-los.

Ele praticava um preço justo de mercado e mantinha uma excelente qualidade de instalação e de atendimento ao cliente, razão pela qual sempre tinha bastante serviços.

Nas muitas vezes que conversamos, ele nunca teve medo da concorrência, ao contrário até a elogiava, dizia ele: é a chance que eu tenho de mostrar que meu serviço é melhor e meu atendimento diferenciado.

De fato era mesmo.

Sempre que o encontrava ele dizia: Tem espaço para todo mundo, o Brasil é muito grande, não preciso me preocupar com a concorrência, prefiro me preocupar com meu cliente.

Com essa filosofia de trabalho e essa energia positiva ele foi trabalhando e foi crescendo e vencendo todos os obstáculos que apareciam em sua frente.

Não muito distante, uns 5 anos depois eu já o via com vários carros próprios e várias equipes de instalação rondando a cidade de São Paulo e arredores.

Seus carros eram todos adesivados, seu pessoal trabalhavam todos uniformizados de forma padrão e ele continuava a crescer cada dia mais.

Hoje já grande, é tido como um case de sucesso e a única coisa que ele fez para obter esse sucesso foi não praticar concorrência desleal, não se importar com a concorrência e principalmente partir para a competitividade com excelência.

CAPÍTULO 7 – O medo saudável e o medo desnecessário

" O maior erro que você pode cometer, é o de ficar o tempo todo com medo de cometer algum. " **Elbert Hubbard (filósofo americano e escritor)**

O medo é um sentimento que ora pode ser muito saudável e proveitoso obtê-lo e ora pode ser totalmente desnecessário e até prejudicial. Muitas vezes surgem em nossos pensamentos ideias que parecem ser deslumbrantes. De fato elas até são, mas para pô-las em prática requer uma dose de audácia, de coragem. É nessa hora que se destacam os futuros vencedores daqueles que não vão sair do lugar. Estudar uma ideia e agir com cautela é sempre favorável, ou seja, o medo de tomar uma decisão para por uma ideia em prática que virá trazer resultados positivos deve ser após analisada à ideia cautelosamente executada. Neste caso após estudado, o medo foi superado, a ideia aplicada da melhor forma e este medo passou a ser saudável pois ele não impediu a ação, apenas fez com que se analisasse o melhor caminho a seguir, a melhor decisão a se tomar. Porém muitas vezes uma mesma ideia que surge, é recebida com cautelas a mais do que se deveria, é desperdiçada atenção a mais do que necessária e ainda que ela seja boa, não será aplicada por medo do futuro, por não saber no que ela pode resultar ainda que se saiba que as chances são grandes de tudo dar certo.

A incerteza neste caso tomou conta da atitude e da decisão positiva.

Passou-se a ter então um medo desnecessário.

Pelo medo de errar, erramos; Pelo medo de perder, perdemos.

O medo deve ser sim visto com atenção e respeitado, porém deve ser superado sempre que possível.

Ele serve para nos dar um estado de atenção e não de paralisação.

Em 1996, eu era bastante jovem e já era aeronauta formado e tinha como profissão piloto comercial de helicópteros.

Eu tinha me formado nos Estados Unidos e quando cheguei ao Brasil, comecei a procurar emprego nos hangares dos aeroportos de São Paulo.

Andava o dia inteiro entre os hangares, de vez em quando conseguia fazer alguns voos até conseguir meu primeiro emprego fixo.

Certo dia eu estava tomando um café em um desses hangares quando conheci um piloto recém formado, que por descrição vou chama-lo de JB.

JB era um piloto jovem também, visionário, sonhava trabalhar para si mesmo na sua própria aeronave em seu próprio táxi aéreo.

O tempo foi passando, JB foi voando para terceiros até que arrendou uma aeronave e passou a vender voos sob o seu comando.

Em outras palavras, começou a administrar a aeronave.

JB tinha uma mente focada em seu objetivo e por isso começou a fazer coisas que nenhum outro piloto pensava como por exemplo no dia dos namorados, vender voos panorâmicos a noite com uma garrafa de champanhe a bordo.

Em épocas de casamentos, festas de aniversários enfim, datas comemorativas, JB estava sempre vendendo seus voos.

Aliás, que registre-se aqui, fazer passeios noturnos de helicóptero sobre a cidade de São Paulo é uma das coisas mais lindas que existem.

Com o tempo ele começou a alçar voos mais altos e descobriu festas no interior de São Paulo onde ele poderia levar e trazer artistas, fazer voos panorâmicos nas cidades onde estavam acontecendo às festas e assim por diante.

Sua gama de clientes foi aumentando e ele já não conseguia mais atendê-los sozinho.

Montou um taxi aéreo e, logo em seguido alugou um hangar que ficava sob seu comando, fretava aviões para grandes executivos e viagens longas e passo a passo JB foi crescendo.

Sabe onde isso foi parar?

Dez anos depois, JB já tinha um patrimônio estimado em 30 milhões, tinha as suas próprias aeronaves e o seu hangar próprio.

Hoje JB é tido como um dos maiores empreendedores do segmento de taxi aéreo.

No começo, só ele acreditava nele mesmo, conversando com ele, o mesmo sempre se referiu ao medo como uma forma de cautela, mas nunca de desistência.

Desta forma, JB construiu um tremendo case de sucesso.

CAPÍTULO 8 – Qual deve ser o objetivo do empreendedorismo

" Não é o empregador que paga os salários. Os empregadores só manipulam o dinheiro. É o freguês que paga os salário. " **Henry Ford (fundador da Ford Company – Engenheiro, um dos maiores e mais poderosos empreendedores do mundo**

Quando se fala em empreendedorismo, logo se vem à mente o faturamento, o lucro, status, rondam em nossas cabeças pensamentos do tipo quem eu sou e quem eu serei, o que pensam de mim e o que pensarão, a vida boa que eu vou levar entre outros pensamentos. Obviamente que tudo irá para melhor caso seu negócio prospere, sua vida se transformará com as conquistas e o seu padrão será outro. O grande problema é que esses pensamentos vêm logo de início e tomam posse de nós de uma forma que tudo que se pensa é ganho futuro e não na administração presente. Esquecemos muitas vezes que teremos desafios a enfrentar, passaremos por situações de extremo stress, perderemos muitos finais de semanas e feriados ao lado da família e amigos até que os frutos venham a ficar maduros.

Além do mais, toda a nossa visão é focado no quanto me sobrará de lucro, o que eu vou comercializar o que eu farei para obter estes serviços ou estes produtos mais em conta e poder repassá-lo e por fim acabamos nos esquecendo do ponto mais importante do empreendedorismo. O cliente.

Este é o principal objetivo do empreendedorismo. O cliente; é ele que vai proporcionar tudo o que queremos conquistar com o nosso trabalho, é ele que é a peça fundamental de tudo, a chave para obtermos sucesso ou não, o motivo pelo qual chegaremos ao êxito.

O objetivo principal do empreendedorismo deve ser sempre o cliente, fonte de nossas riquezas a serem conquistadas.

É com ele que devemos nos preocupar mais do que tudo.

Um cliente bem atendido é um cliente satisfeito. E por estar satisfeito, voltará a usar seus serviços ou a comprar seus produtos, além do mais, poderá ele indicar novos clientes.

É como se fosse uma construção de relacionamentos positivos e lucrativos.

Porém do contrário também é verdadeiro, ou seja, o cliente insatisfeito, independentemente do produto ou do serviço, nunca mais voltará a servir-se do seu negócio além de fazer com que novos clientes que poderiam a vir ser consumidores potenciais, sequer experimentem do seu serviço ou do seu produto.

Por isso fica valendo aqui a velha máxima: " Mais importante que o seu negócio é o seu cliente "

Em junho de 2015, conheci um *coaching* que tinha como formação principal a área de T.I.

Por descrição, o chamarei aqui de JS

Era " expert " em sistemas e embora estava obtendo sucesso em suas atividades profissionais, não estava feliz no que fazia.

Resolveu então fazer um curso de *coaching* e se formou em uma renomada escola.

Começou a fazer seus contatos e a vender seus serviços de *coaching,* ou seja, começou a treinar pessoas e habilitá-las para o mercado corporativo, pois esse era seu foco.

Como neste caso a empresa dele era ele, o mesmo tinha que estar sempre equipado, e estava.

Tinha um celular de último tipo, andava com um *tablet* de última geração, tinha um pacote de internet móvel fortíssimo, e ali, em seu bolso estava seu escritório.

JS andava por todos os lugares atendendo as pessoas " *in locco* " e então começou a encontrar realização no que fazia.

Dia após dia, sua carteira de clientes aumentava e por estar feliz com o que estava fazendo e por ter se preparado para isso, começou a obter sucesso sem medida.

Em pouco tempo JS já estava com sua agenda lotada e embora nunca tinha se preocupado com o lucro, estava obtendo um faturamento fantástico.

O que JS fez para obter sucesso nada mais foi do que se preocupar com pessoas primeiramente antes de se preocupar com o lucro e por tal feito, consequentemente o lucro foi aparecendo como resultado.

CAPÍTULO 9 – Fazendo a diferença

" Sucesso é o que temos quando transformamos a nossa motivação em atitude.
" **Guilherme Machado (escritor e palestrante)**

Para se obter aquilo que nunca se teve, deve-se fazer aquilo que nunca se fez. É muito comum nos primeiros tempos, bem no comecinho de tudo, logo nos primeiros dias vir aquele sentimento de alegria, de felicidade por ter conseguido chegar até ali, ou seja, ter conseguido abrir as portas. Todo o esforço desprendido parece que nada foi pois a empolgação estava aflorada.

O primeiro amor é algo impressionante, maravilhoso de se viver.

Parece que tudo dá certo, só há notícias boas, não existem problemas insolúveis e eles nunca aparecerão.

O ânimo de acordar cedo, ir trabalhar, pegar trânsito, fazer o conta corrente super bem organizado, deixar tudo em perfeitas condições, tudo isso é prazeroso e não se vê desânimo.

As ideias cada vez mais aparecem de forma satisfatória e no imaginário, naquele momento de vida maravilhoso tudo é possível se fazer.

Com o tempo, começam a surgir às dificuldades, os problemas constantes, a falta disso ou daquilo, um atraso de um funcionário ou até mesmo um atraso de uma conta a ser paga ou a ser recebida, um atraso de um fornecedor, qualquer coisa que saia do planejado, lentamente começam a vir os pensamentos negativos, o desânimo pelo negócio e o controle geral se abala.

Como já visto acima, é preciso manter os comportamentos do sucesso sempre em alta. É preciso ter algo de diferente seja ele qual for.

E nesse momento, obrigatoriamente para manter o seu negócio de pé e retomar o caminho do sucesso, você precisará fazer algo de diferente, algo que nunca fez.

Seja criar novas ideias, tomar novas atitudes, mudar o procedimento das coisas.

Qualquer que seja o diferente que você fizer será a certeza da continuidade do seu crescimento, mas é necessário inovar-se.

A inovação trará de volta aquela sensação gostosa de que as coisas voltaram a andar pra frente e de fato estão andando.

O sentimento de que tudo está dando certo conforme o planejado volta a pairar sobre nós.

Outro ponto importante no diferencial que obrigatoriamente você tem que ter para se obter sucesso é saber criar serviços e produtos com diferenciais de atendimento.

Podem existir no mercado mil negócios iguais ao teu, mas o teu tem que ter algo de diferente, o teu precisa ter alguma coisa que os outros embora parecidos não tenham.

Há negócios que são marcantes e se diferem pelo produto inovador, outros que se diferem pelos serviços, pelo atendimento, mas para se sobressair perante os demais, contará muito a criatividade como um todo além é claro, da dedicação a ele aplicada.

Há quase 30 anos atrás conheci um jovem que começara a sua vida profissional de forma difícil.

Por descrição o chamarei de TT.

TT andava pra lá e pra cá o tempo todo, sempre procurando emprego, ora trabalhava em um comércio ora trabalhava em empresas de serviços mas o fato é que ele não conseguia se encontrar e estabilizar-se em nenhum lugar.

Ele tinha uma vantagem sobre si, embora não conseguia fazer carreira nas empresas, ele era muito estudioso, esforçado e tinha curiosidade de saber como as coisas funcionavam o que o impulsionava para sempre estar pesquisando e aprendendo coisas novas.

Tentou empreender em alguns negócios próprios, mas não conseguiu obter sucesso até então, às vezes porque dispunha de pouco capital, às vezes porque estava sem pessoas ao lado com as mesmas intenções para ajuda-lo, mas o fato era que ele não estava conseguindo se encontrar.

Assim foi por longos anos a vida deste jovem.

Ele sabia que para obter algo que nunca teve, tinha que fazer algo que nunca fez.

Foi quando então depois de muitas experiências na vida resolveu aprofundar seus conhecimentos na área de internet, computação e marketing digital.

Lembro-me que quando ele começou, ele me dizia que queria ver se era verdade mesmo tudo o que as empresas de divulgação e sites falavam, se era aquilo que acontecia, como era a forma de montagem e divulgação de marketing digital.

Fez cursos, passava horas e horas mexendo em seu computador, viajava para fazer cursos mais aprofundados e assim foi se aperfeiçoando.

Um dia chegou a me dizer que havia passado mais de 12 horas enfrente ao computador estudando técnicas de marketing digital.

O fato é que ele acabou se tornando um mestre em marketing digital, captando empresas e fazendo com que elas dessem muito lucro por vendas pela internet no sistema e-commerce e por consequência ele acabou ganhando muito dinheiro com isso.

Hoje TT é referência nesse assunto, mora na praia e que diga-se de passagem, tem uma bela moradia, trabalha em casa e lá tem seu home office onde a esposa e os filhos o ajudam, ganha muito dinheiro fazendo e-commerce e marketing digital.

Nunca mais ele precisou vestir-se socialmente e trabalhar para os outros em escritórios e empresas.

Ao contrário, ele trabalha de bermuda e as empresas que o procuram para fazer seus trabalhos digitais na internet.

TT está plenamente realizado e em grande expansão dos seus negócios.

O que ele fez para chegar a esse ponto de realização pessoal e sucesso nada mais foi do que transformar suas motivações em atitudes.

CAPÍTULO 10 – Acostumando-se a Ganhar Dinheiro

> " O dinheiro é um péssimo senhor, mas um excelente servo. " **Bispo Jadson (Bispo da Igreja, palestrante motivacional sobre negócios e sucesso)**

Acostume-se a ganhar dinheiro, pois não existe nenhum problemas nisso. Muitas pessoas inclusive até algumas igrejas mais antigas tradicionais pregam que o dinheiro é mal ou que o dinheiro é o grande causador das infelicidades humanas, o mal te todas as causas. Não, isso não é verdade.

O dinheiro é bom, e muito bom, é ele que faz com que você coma bem, desfrute de lazer e diversão, proporcione um belo fim de semana ou uma excelente condição de vida a sua família.

É claro que o dinheiro não comprará a sua salvação no céu, não comprará uma amizade verdadeira ou um grande amor; para isso suas atitudes falarão mais alto, porém todo o resto, tudo aquilo que se pode usufruir de melhor neste mundo em que vivemos, nesta terra, somente o dinheiro poderá lhe dar.

Obviamente dinheiro este; fruto do seu trabalho, das suas conquistas.

Experimente, principalmente nos dias de hoje precisar da saúde pública. Experimente estudar em escolas públicas ou usar o ensino público.

Veja o caos que está a segurança pública.

É muito comum se ver hoje em dia as pessoas usando em suas empresas ou em suas casas a segurança privada, a grande maioria da população tem um plano de saúde e faz uso da saúde privada; muitas famílias muitos pais se esforçam ao máximo para colocarem seus filhos no ensino privado e daí por diante.

Para tudo isso, ou seja, para uma excelente qualidade de vida, se faz necessário o dinheiro. Por tanto pode-se afirmar que o dinheiro abre um leque de escolhas na sua vida.

Nunca seja aquela pessoa que tem vergonha de ganhar dinheiro, ou que tem o sentimento de que ganhar dinheiro sem que os outros ao seu redor também o ganhem é errado, ou não irá te fazer bem.

É ajudando a si mesmo que você poderá ajudar aos outros.

Para poder fazer algo por alguém primeiro você precisa fazer algo por si mesmo, estar forte, senhor de si, e depois sim você terá condições de ajudar aos outros.

Crie seus relacionamentos, seus amigos, seus colegas, mas lembre-se que a sua independência dependerá tão somente da sua produção, do que você ganhar e juntar ou administrar, nada mais.

Certa vez, conheci um empresário do ramo imobiliário que era bastante autêntico.

Ele não se importava com as aparências ao seu redor.

Era muito inteligente, engenheiro, muito honesto e correto com suas contas e tinha como procedimento honrar corretissimamente suas obrigações.

Em sua empresa seus funcionários o adoravam, seus fornecedores tinham plena confiança nele e disputavam para fornecer seus produtos a este empresário.

Os bancos viviam o procurando para oferecer negócios.

Todavia ele não se importava em andar com seus carros importados independente do lugar que fosse, de vestir-se muito bem com suas roupas de grife independentemente do ambiente em que estava, de contar aos outros suas viagens e aquisições que fazia ao longo de sua vida.

Ele dizia frequentemente:

- não devo nada pra ninguém por isso tenho a liberdade de viver como eu quiser.

E de fato vivia e era respeitado por onde passasse.

Exímio administrador sabia fazer planejamentos como ninguém; tinha o coração voltado a Deus e ajudava a todas as pessoas que pudesse ou que o procurasse.

A cada dia prosperava mais e mais.

Teve uma carreira profissional sempre em ascendência e até hoje prospera no que faz.

CAPÍTULO 11 – Muitos querem empreender ou serem empreendedores, poucos conseguem.

" No mundo dos negócios todos são pagos em duas moedas: dinheiro e experiência. Agarre a experiência primeiro. O dinheiro virá depois." **Harold Geneen (empresário americano)**

É muito comum ouvirmos as pessoas dizerem que querem ser isso ou aquilo ou querem fazer isso ou aquilo.

O que mais se vê hoje em dia são engenheiros, advogados, médicos, economistas ou qualquer outro que estudou uma profissão universitária abandonarem suas carreiras para empreenderem em algo que nada dizem respeito como que estudaram.

Mas é muito mais comum vermos ex-lixeiros, ex-faxineiros, ex-funcionários públicos ou privados de qualquer seguimento, " ex - qualquer coisa " principalmente aqueles que não tiveram estudos completos se tornarem grandes empreendedores.

Uma grande maioria das empresas bem sucedidas de hoje, foram formadas por pessoas que não tinham cursos universitários, não tinham faculdades porém tinham determinação. Tinham a vontade de vencer.

Não é obrigatório e nem necessário ter-se faculdade para ser um empreendedor. Você não precisa ter formação em nada para se montar um negócio. O que você precisa ter é uma boa ideia, foco, disciplina e determinação além dos itens já estudados acima no capítulo 3.

Mesmo assim, há ainda aqueles que não conseguem tirar da mente as suas ideias, não conseguem transformar sonhos em realidades.

Justamente pela facilidade que se tem em empreender as pessoas vivem com o pensamento negativo, com a visão contrária assistida por enormes falências do mercado. Focam seus exemplos apenas nos que tentaram e perderam fazendo com que o medo tome conta das suas iniciativas.

Não levam nem em consideração o que se aprendeu aqueles que perderam e esquecem mais ainda que muitos que deram certo hoje, só conseguiram isso porque perderam no passado, mas souberam aproveitar as lições do empreendedorismo e jamais desistiram dos seus sonhos.

Há alguns anos atrás eu morava em Goiânia e frequentava alguns barzinhos por lá.

Em um desses barzinhos estava uma dupla sertaneja tomando um aperitivo quando fui em direção a eles e começamos a conversar.

Por problemas autorais, manterei em sigilo o nome dessa dupla.

Eles já eram muito famosos, estavam lá apenas se divertindo, o local estava um alvoroço, todo mundo querendo se aproximar deles e enfim, devido à um amigo que estava comigo e os conhecia, consegui sentar-me na mesma mesa com eles.

Entre uma conversa e outra perguntei como tinha sido a trajetória de vida deles e já emocionado pelas biritas o mesmo começou a me contar.

Eu fiquei emocionado também ao perceber tamanha persistência da dupla na busca do sucesso.

Eles me contaram que vieram da roça mesmo, trabalhavam em chão de terra quando aprenderam as primeiras notas.

Trabalhavam de sol a sol na plantação e a noite tocavam para os amigos de graça apenas para passar o tempo.

Foram se aperfeiçoando nas técnicas musicais mas nada dava certo.

Viajavam de carona para tocar em cidades vizinhas, dormiam de favor na casa dos outros, comiam o que tinham e as vezes nem comiam.

Assim foram-se longos anos.

Conseguiram com o passar do tempo tocar em alguns barzinhos a troco da cerveja ou de um prato de comida, lançavam algumas músicas próprias mas ninguém as escutava, todavia nunca desistiram e seguiram na estrada de bar em bar.

Chegaram até a pensar em desistir e por várias vezes esse pensamento sobrevinha suas cabeças, mas algo dizia para continuarem tocando e até então o trabalho na roça ainda os sustentava.

Depois de milhares de tentativas fizeram uma música e disseram que caso esta música não desse certo eles iriam aposentar a viola de vez e desistir de cantar.

O inesperado aconteceu em uma noite tocando em um bar, quando lá havia um empresário do ramo de entretenimento que os ouviu e adorou aquela música.

Dali pra frente tudo começou a mudar na vida deles.

Naquele dia, me lembro como se fosse hoje, ao final da noite eles já haviam consumido uma quantidade considerável de bebida e misturado com a emoção do que passaram, terminamos a noite com um pouco de lágrimas, eles e eu.

Mas foi só naquele instante, pois eles já eram cantores renomados, milionários e já tinham conseguido alcançar o que sempre buscaram.

Muitos querem mas poucos conseguem alcançar seus objetivos simplesmente porque desistem com muita facilidade deles.

CAPÍTULO 12 – Foco no Cliente

> " Satisfazer o cliente é obrigação, o diferencial é mantê-lo encantado. "
>
> **Paulo Eduardo Dubiel (empresário, profissional de gestão e marketing)**

Para tudo e qualquer coisa que for empreender, tenha como foco o cliente. O cliente é a peça fundamental de todo e qualquer negócio existente no mundo. Sem ele nada seria possível.

Por isso é muito importante construir relacionamentos com ele, principalmente relacionamentos de confiança e de vantagens.

Procure criar sempre promoções, formas de vantagens de bonificação, qualquer coisa que venha encher os olhos do seu cliente e por consequência trazê-lo de volta ao seu estabelecimento.

Tudo que você fizer para ele, o grande beneficiado será você mesmo.

Não é à toa que os empreendimentos que mais crescem no mundo são aqueles que estão em constantes promoções ou criando vantagens atrativas aos clientes.

Para estes inclusive até a crise de mercado é superada com mais facilidade.

Outro ponto muito importante a se tratar do cliente, não é tanto fazer uma primeira venda mas sim uma segunda.

Quantas vezes você conseguirá trazer este mesmo cliente no seu estabelecimento.

Manter um cliente é mais barato do conquistar um cliente novo, porém mais difícil.

É importante que você tenha sempre um controle de qualidade de atendimento, procure acompanhar sempre de perto a satisfação do seu cliente. Isso fará com que você consiga saber melhor o andamento da sua empresa e fidelize o seu cliente com mais facilidade.

Priorize o atendimento que com certeza o lucro virá.

Em meados de 2012 eu trabalhava com prestação de serviços, mão de obra terceirizada quando fui visitar um cliente na tentativa de vender-lhe meus serviços.

Manterei por descrição, o nome deste cliente em sigilo.

Ele era um médico veterinário que já há muitos anos estava no seguimento corporativo para animais.

Tinha como atividade principal a comercialização de produtos para animais via internet.

Durante nossas negociações certa vez tomando um café ele me contou a sua história de vida e como ele começou.

Tratava-se de um começo como a maioria dos começos de todo empreendedor, difícil, muita luta, pouco dinheiro, muitas horas de trabalho e enfim, dedicação total ao negócio na espera de resultados promissores.

Ele tinha uma clínica veterinária a qual além de atender os animais, também vendia produtos para os mesmos.

E, uma vez, me dizia ele que tinha sua clínica em São Paulo, e uma cliente que era de outro estado levou seu cachorro para dar banho e fazer um tratamento.

Entre vários acontecimentos, acabou que ela, a dona do cachorro foi embora para sua cidade que ficava em outro estado e deixou o cachorro na clínica se tratando.

Ele, o Doutor que era muito atencioso com seus clientes terminou pegando o cachorro pondo no carro e foi leva-lo até a casa da sua dona que ficava em outro estado.

Apenas pediu a companhia do seu filho que foi junto para que ele não voltasse sozinho e batendo um papo durante a longa viajem a tornaria mais agradável já que ele estava resolvendo um problema totalmente fora do comum.

Depois disso muitas aventuras aconteceram e ele deixou a clínica e entrou para o mundo corporativo distribuindo pela internet, produtos para animais.

Ficou muito bem de vida e sua empresa que já existe a mais de 15 anos está cada dia maior.

Hoje esta empresa tem muitos funcionários, gerentes, diretores mas o atendimento ao cliente ele ainda faz questão de cuidar pessoalmente razão pela qual ela vem crescendo a passos largos cada vez mais.

Na verdade o que ele fez para crescer foi sempre manter o foco no cliente, seu empreendedorismo baseava-se em manter o foco no cliente e dar o melhor atendimento; e deu resultado.

Esta empresa dele é hoje líder no seguimento de vendas de produtos para animais via internet.

Com isso, claramente podemos afirmar que um dos pontos principais para se empreender com sucesso é dar atenção a aquele que fará de fato a sua empresa crescer, o cliente!

CAPÍTULO 13 – Seja um Pioneiro de Paradigmas

" Ninguém pode ter saudades daquilo que nunca teve " **Sormane Freitas (Advogado e Empreendedor)**

Não tenha medo do amanhã, acostume - se com o desconhecido.

É natural que em todo negócio principalmente naqueles que estão começando aconteçam imprevistos.

Procure ser um pioneiro de paradigmas, sem medo do futuro ao invés de ser um colono de paradigmas.

O colono de paradigmas é aquela pessoa que para fazer algo ou tomar uma decisão, precisa ver primeiro os resultados obtidos por outras pessoas, se munir de todas as respostas previamente, assistir antes um episódio para então sim, agir.

Ao contrário do colono, o pioneiro de paradigmas por si só conhece o mercado, planeja suas atitudes futuras e tem coragem o suficiente para tomar decisões, para agir e por esse motivo está sempre à frente.

Em outras palavras, simplifico a explicação com um exemplo prático da diferença entre um e outro.

Funciona como uma franquia, é exatamente a diferença entre um franqueado e um franqueador.

O franqueado é o colono, aquele que quer um modelo pronto de negócio, que segue uma diretriz já traçada, tem medo de correr riscos e trabalha baseado na experiência dos outros.

O franqueador é o pioneiro, aquele desenvolve o negócio, cria as estratégias e tem coragem de montar o negócio, se desenvolve por si só estudando o mercado e o planejando, e está sempre a frente do seu tempo.

Muitas vezes é possível que você programe uma coisa e por consequências do próprio negócio aconteçam outras.

Notícias que vem de todos os lados, especulações, outras pessoas interessadas no seu negócio ou no que você faz e com isso começam a surgir os " monstros " na nossa cabeça que nada mais são do que o medo do amanhã.

Saber lidar com essa ansiedade é muito importante, pois na verdade não deve ser preocupante aquilo que ainda não se viveu.

Ademais o amanhã pode te trazer novas e boas oportunidades.

Sempre haverá acompanhado de um gigante, uma benção cem vezes melhor e maior.

O gigante é derrotável, a benção é eterna.

Lembre-se sempre que tempestades podem até causar algum estrago, mas elas são passageiras e logo após vem o céu azul e o sol brilhando.

Além do que, não é uma condição normal vivermos nas tempestades ou só delas.

Portanto o amanhã ou o desconhecido como preferirem sempre serão superados e sempre trarão novidades boas.

Você passará inevitavelmente por esta situação, procure tirar o máximo de proveito e siga em frente sem medo do porvir.

Um empreendimento, uma empresa ou um negócio sempre preparado, planejado jamais terá medo do amanhã, ao contrário estará preparado para ele.

Os desafios são o que movem a genialidade, a criação.

CAPÍTULO 14 – Sociedades e negócios

" Quem tem sócio tem patrão " **Nicolau Caram (Empresário e Empreendedor)**

É bem verdade que na dificuldade as pessoas se ajudam ou nos começos onde tudo é difícil.

Pode ser um parente, um amigo próximo ou um colega que você conheceu em algum evento, basta você lançar uma ideia no ar que qualquer um desses qualificados acima compram a sua ideia que no momento é só para ajudar, sem intenções de nada.

Há ainda aqueles que estão naquele momento passando por um desemprego ou uma situação difícil que nada tem a não ser tempo disponível.

Na sua carência de estar idealizando algo e sentir que falta alguém te motivando, você acaba se excedendo e chamando alguns destes para trabalhar com você, ajudar você a idealizar a sua ideia ou até mesmo ser teu sócio.

É exatamente neste ponto onde mora o perigo.

No calor da emoção.

Nunca contrate alguém que você não possa mandar embora depois, ou que tenha enormes dificuldades para isso.

É bastante aconselhável que você trabalhe com pessoas novas, diferentes daquelas que você já conhece ou tenha um vínculo de relacionamento.

Procure formar sua equipe, ter ao seu lado pessoas que venham sem vícios de outras empresas e que não conheçam seu modo de agir ou pensar.

Pode-se dizer que é como um novo namoro, você conheceu uma pessoa nova e sentiu que aquela pessoa tem o perfil para estar ao seu lado, abraçar a sua ideia e colaborar com novas ideias.

Daí por diante você vai formando uma nova equipe de colaboradores ou até sócios.

No caso de sócio, é aconselhável que tenha a mesma vibração da inteligência que você, a mesma disposição e vontade para trabalhar e ande aproximadamente com a mesma filosofia de vida, de trabalho e almeje o mesmo objetivo que você.

CAPÍTULO 15 – Crie sempre processos no seu negócio

> " Gerenciamento é substituir músculos por pensamentos, folclore e superstição por conhecimento, e força por cooperação " **Peter Drucker (escritor austríaco, professor e pai da administração moderna)**

Uma empresa sem processos é uma empresa fadada a falência. Não existe negócio no mundo que sobreviva sem processos administrativos e operacionais.

O simples motivo de uma empresa trabalhar sem processos significa que ela está desguarnecida, sem controle nenhum e por consequência vulnerável a roubos internos e externos, fraudes, duplicidade de pagamentos entre tantas outras desavenças.

Para todo e qualquer tipo de empreendimento, deve-se ter de antemão, todo o processo de funcionalidade detalhado e o mesmo deve ser seguido à risca.

O fato de se ter processos também minimiza perdas, excessos, ajuda na lucratividade, pois tudo que funciona sob controle, ajustado, funciona melhor. São vários os casos de empresas que tinham sua situação financeira em ordem, um excelente produto, porém não tinham processos determinados e antecipadamente tiveram que fechar as suas portas.

Os processos devem ser feitos de ponta a ponta na empresa, desde a contratação de funcionários até a distribuição de lucros.

Nem preciso citar aqui o operacional, administrativo e a expedição ou seja o meio da empresa.

Conheço negócios no mercado que posso considerar praticamente inquebráveis, nada passa sem uma assinatura, para tudo se necessita de uma autorização, ciência do responsável, anotações, comparações, cotações e operacionalidade.

Obviamente, que um processo muito travado também age contrariamente, impede a fluência da empresa, dificulta a operacionalidade e por consequência a insatisfação do cliente pela demora e constrangimento em adquirir seus produtos ou serviços contratados e principalmente dos colaboradores que não conseguem agilizar o operacional das coisas.

CAPÍTULO 16 – Criando Chances

" São nas dificuldades que se fazem os grandes negócios " **Dito Popular**

Crie chances de aprender nas dificuldades e nas crises e agradeça por elas. Não há melhor situação no mundo para se aprender algo do que atravessando uma adversidade ou uma crise.

Elas são inevitáveis no mundo corporativo sejam elas pela condição econômica do país, pela falta da mão de obra qualificada, pelas leis e impostos vigentes, pelos encargos trabalhistas e por consequência a justiça trabalhista que tende a ser paternalista dificultando a contratação do funcionário, pela escassez da matéria prima, pela dificuldade em treinar toda a equipe e a si mesmo, enfim, seja ela qual for sempre haverá uma situação adversa que você terá que enfrentar como empreendedor.

Jamais se desespere.

A solução pode aparecer a qualquer momento.

Manter o controle nas horas difíceis é fundamental para se obter sucesso em qualquer ação, além de preservar a saúde.

Nunca se martirize pelas dificuldades enfrentadas, muito ao contrário, agradeça por elas.

Logo que você as enfrentar e as superar, virá aquela sensação de vitória, de alívio e de alegria pela superação e sem perceber você estará mais experiente do que antes e por consequência se sentirá mais forte e mais seguro de si.

Terá a certeza de que passou pelo teste e foi aprovado, e este aprendizado servirá para enfrentar outras crises que por certo virão, mas que serão resolvidas com muito mais facilidades.

Momentos de crise são os melhores professores que podemos ter em tempo real, os que mais nos ensinam a superar e vencer.

CAPÍTULO 17 – Encontrando seu lugar do Mercado

" Em um mercado altamente competitivo e em plena evolução, nada é estático, tudo flui, e aquele que escolhe ficar parado, também escolhe regredir "
Thiago Tombini (coach, escritor, palestrante)

Há espaço para todos, independente do que for fazer. Um dos pensamentos mais preocupantes quando se vai empreender em alguma coisa é saber se há espaço ainda no mercado para se fazer isso ou aquilo.

De uma forma geral pode-se dizer que o mundo é consumista, e consumista ao extremo. Tudo se usa, tudo se consome.

A necessidade do ser humano de se ter, de se obter algo ou alguma coisa é gigantesca além dos itens que são essenciais para a sobrevivência.

O tal do consumo obrigatório como alimentos, vestimentas e artigos de higiene e limpeza.

Embora exista hoje no mundo uma infinita concorrência de tudo que se possa imaginar, a população vem crescendo absurdamente, o número de habitantes se multiplicam no mundo diariamente.

Sim, esta é a resposta para o título acima, há espaço par todos no mercado independente do que se for fazer, independente da enorme concorrência.

Prosperará aquele que tiver maior criatividade em empreender, maior foco no seu negócio, maior disciplina e determinação na sua empresa e acima de tudo, aquele que conseguir criar processos inovadores.

É muito importante no mundo de hoje, não se deixar levar pelas influências externas, aquelas opiniões que pouco ou nada agregam a você e a sua intenção de empreender.

Por isso falar pouco e fazer muito determinará com maior velocidade o sucesso almejado.

Mantenha-se longe de pessoas desanimadoras, que não acreditam em nada, que tem medo de tudo e principalmente aquelas que são especialistas em dar palpite nos negócios dos outros, aquelas que não conseguem fazer nada mas são " doutoradas " em dar opiniões negativas.

Acredite em você e no seu negócio, se prepare bastante e siga em frente!

CAPÍTULO 18 – O negócio deve ser legal

" Quando um serviço deixa de ser bom, também deixa de ser serviço" **Henry Ford (fundador da Ford Company – Engenheiro, um dos maiores e mais poderosos empreendedores do mundo)**

Apresente sempre bons serviços, bons produtos e trabalhe sempre na legalidade.

Há todo o tipo de produtos e serviços que se possa imaginar hoje no mercado.

Há também diversas formas de se trabalhar.

Algumas delas inclusive bastante prejudiciais ao negócio.

Tem pessoas que preferem trabalhar com uma segunda linha de certo produto ou fornecer um serviço de segunda mão tudo com um só objetivo; tentar obter lucro mais rápido e maior.

Tem também aqueles que optam pela ilegalidade no trabalho no tangente a parte de impostos, emissão de notas fiscais, recolhimento de guias.

Usam meia nota, não recolhem seus impostos direito, não pagam seus encargos para com os funcionários de forma correta e por aí adiante.

Tudo isso faz com que estes achem que vão obter vantagens na operação em si; se dispõem a correr riscos e alguns deles muito comprometedores podendo até causar o fechamento da sua empresa de imediato, mediante uma fiscalização que muitas vezes vem de surpresa.

Com essa prática, o empreendedor tem que estar sempre ligado, atento as movimentações que o perturbam o tempo todo, sequer tem um momento de tranquilidade em suas operações, estão sempre desgastados esperando receber o pior e por assim estar não consegue ultrapassar a linha do crescimento sustentável e promissor.

Podem até em um certo momento ganhar alguma coisa, obter uma pequena vantagem mas nada expressivo, nada que o faça realmente ter sucesso.

Sirva sempre bons produtos, preste sempre um bom serviço, trabalhe na legalidade, faça o que realmente tiver que ser feiro.

Isso promoverá a você a possibilidade de crescer cada vez mais, exportar, ter crédito no mercado, usufruir de uma boa imagem, minimizar perdas, danos na empresa, evitará problemas com o governo e seus impostos, multas, você terá clientes fieis, fidelizados além de manter a saúde pessoal em perfeito estado e ter paz no dia a dia.

Servir bons produtos, prestar bons serviços e trabalhar na legalidade com toda certeza te trará sucesso e prosperidade além de te diferenciar de muitos concorrentes.

CAPÍTULO 19 – Risco calculado

" O mundo está nas mãos daqueles que tem a coragem de sonhar e correr o risco de viver seus sonhos " **Paulo Coelho (escritor, letrista e jornalista)**

Todo negócio envolve risco.

O Importante é saber mensurar o risco envolvido em cada negócio, e assim eliminar alguns riscos que são totalmente desnecessários corre-los. Não há como se trabalhar e prosperar sem que se corra o menor risco de nada.

Investimentos no lugar certo ou errado, contratação de mão de obra certa ou errada, matéria prima certa ou errada, produtos e serviços certos ou errados, administração certa ou errada, enfim, apostar no futuro ou em um lançamento de alguma coisa, tudo envolverá um certo risco.

É preciso no entanto chegar há uma formula aproximada para se saber se o risco que você virá a correr é necessário ou não, se ele vale a pena ou não.

Quais são os ganhos e quais são as perdas em se correr esse risco, analise se o momento é o mais adequado para se correr este risco e principalmente se você estará preparado para suportar as consequências.

Risco calculado é aquele risco onde você tem grandes chances de se dar bem mas que se der errado, não causará grandes danos na organização.

Investir em uma tecnologia nova, investir em um produto novo ou um serviço novo, melhorar as instalações da empresa, modernizar equipamentos, programas de rede, tudo isso é um risco calculado que terá grandes chances de trazer êxito para a empresa.

Risco desnecessário é aquele que infelizmente a maioria das pessoas gostam de correr e essa mesma maioria ou acaba falindo ou acaba não tendo rentabilidade na empresa a troco de ter gastos desnecessários fruto de um risco que não valia a pena correr.

Vendas sem nota, serviços de segunda mão, produtos de segunda linha, vender uma coisa e entregar outra, vender o que não tem ou não entregar o que vendeu, não recolher os impostos devidos, não recolher os encargos devidos, contratar mal a mão de obra, comprar matéria prima acima do preço ou por um preço que jamais conseguirá vender, adquirir sistemas que para nada vão servir ou que do pacote de dez coisas apenas se usará uma, pagar mal ou pagar errado o funcionário.

Estes riscos são totalmente desnecessários correr, são eles um dos grandes causadores das concordatas e falências que o mercado claramente mostra todos os dias.

Portanto analise bem antes de tomar qualquer decisão, calcule os riscos e veja se eles são necessários ou não.

CAPÍTULO 20 – Controle sua Ansiedade

" Eu não tento saltar barreiras de dois metros de altura; prefiro procurar as de 30 centímetros, que eu posso transpor com um passo " **Warren Buffett (empresário americano, investidor e filantropo)**

Não se deve mirar na lua.

Não tente sair driblando o jogo todo.

Espere o momento perfeito para a jogada brilhante e mantenha-se sempre em segurança.

Dê um passo de cada vez.

Serviços que estão fluindo bem não precisam mudar, produtos que já são inovadores e eficientes não precisam ser substituídos o tempo todo, principalmente aqueles produtos ou serviços que são de consumo obrigatório ou diário e que estarão sempre em uso inclusive daqui a 20 anos.

A inovação ou a invenção de qualquer coisa que seja é sempre mais cara do que se investir para manter o que já está dando certo.

Conheço uma empresa de refrigerantes no interior de São Paulo que sempre está inovando os seus produtos.

Manterei em sigilo seu nome por descrição.

Ora mistura frutas, ora gaseifica mais o refrigerante ora tira o açúcar e por aí vai, mas esta empresa mantém como receita segura os seus produtos básicos que são o carro chefe da empresa.

Como exemplo o guaraná básico sempre foi o mesmo e sempre será, eles até tem produtos de guaraná com açaí, ou com frutas vermelhas, mas o básico está lá, nunca saiu de linha e nunca sairá.

Esta empresa já existe a muitos anos no mercado mas só de poucos anos para cá é que eles começaram a investir nos diversos sabores do refrigerante e da linha de sucos.

Me contava certa vez o gerente desta fábrica que durante muito tempo o fundador preferiu por segurança, produzir somente aquilo que a população gostava que eram os sucos e os refrigerantes básicos.

Ele dizia que o consumidor já conhecia e já havia aprovado seu produto e que para inovar necessitaria de muito capital tanto em maquinários para produção quanto dinheiro vivo para suportar até o tempo em que os consumidores conhecessem e aprovassem a novidade.

Dessa forma, permaneceu anos com o básico até que um dia, já com o aporte necessário para investir tanto no maquinário quanto no tempo de espera para por o produto no mercado e ele ser aceito, resolveu dar mais um passo a frente.

O resultado disso é que até hoje essa empresa vende muito o básico e vende muito o que lança de novidades, nunca perdeu a segurança e por consequência cresceu sem nunca desestabilizar a empresa e, continua crescendo de forma segura.

O que seu fundador fez para tamanho sucesso nada mais foi do que saltar um obstáculo que ele podia alcançar e sem pressa, deu um passo de cada vez.

CAPÍTULO 21 – Procedimentos, contratação de funcionários e justiça trabalhista.

" Ser bom é fácil, o difícil é ser justo " **Victor Hugo (dramaturgo francês, ativista e estadista)**

No mundo moderno, uma das coisas que mais atemoriza o empreendedor são os funcionários e a justiça do trabalho.

São vários os casos de ações trabalhistas nas empresas principalmente aquelas que têm como objetivo prestar serviços de mão de obra alocada.

Conheço empresas que quebraram pelo volume de ações trabalhistas que tiveram e outras que não conseguem decolar por que sempre estão provisionando valores para eventuais ações e não conseguem investir na empresa em si.

Um das coisas mais comuns em uma empresa, é o patrão fazer no dia a dia mais do que o necessário para com o seu colaborador, tratá-lo acima do normal principalmente aquele funcionário que ganhou a simpatia do patrão.

Ele passa a diferenciá-lo e com o tempo chega-se perto de uma amizade.

Geralmente quase nenhum funcionário sabe separar esta relação pessoal do profissional. Até os patrões muitas vezes não sabem conduzir isso.

Ele já acha que é amigo íntimo do patrão, que tem liberdade para falar e fazer o que quiser dentro da organização e que suas ações serão sempre sustentadas pelo chefe.

Chega um belo dia, que devido a este excesso de confiança do funcionário para com o patrão, o seu comportamento muda, ou ele por esta mesma confiança comete um erro gravíssimo obrigando o seu patrão a lhe mandar embora, às vezes até por justa causa.

É exatamente neste momento que tudo muda, nesse exato momento que começa a inversão do relacionamento.

O que antes era amor, passou a virar ódio e daí pra frente, começa-se uma batalha desgastante.

Muitas vezes essa batalha terminará na justiça do trabalho e claro, como em todo guerra, sempre haverá um vencedor e sempre haverá um vencido.

Até que tudo passe, levará algum tempo.

É bem verdade que há empregadores que pagam mal, pagam errado, lesam seus funcionários, não recolhem seus encargos devidos, atrasam salários e benefícios mas há também o outro lado, na maioria das vezes, funcionários que entram em uma empresa apenas para dar golpes, roubar ou ficar por determinado tempo e sair para receber o seguro desemprego sem nunca se quer ter se preocupado com a empresa em si, sem nunca lembrar que aquela casa que o acolheu muitas vezes em uma hora difícil da sua vida, lhe deu o sustento para si e para sua família enquanto ele por lá esteve.

É bom que se saiba na grande maioria das vezes, quando os casos chegam a ir para justiça do trabalho, por mais que esteja certo, a vida prática nos ensina e nos mostra que poucas chances tem o empreendedor, pelo menos um acordo, por menor que seja o empregador terá que fazer e pagar.

É fato que a justiça do trabalho é paternalista.

Com crescimento do seu negócio, você precisará contratar funcionários o que é um bom sinal, é sinal de crescimento.

Na hora da contratação, além das metodologias legais, faça um contrato também com ele especificando tudo para quanto ele foi contratado para fazer.

Como exemplo coloque neste contrato horário de trabalho, folgas, caso tenha horas extras, carga horária, o que será possível acontecer e se ele terá que fazer ou não, ou seja, descrimine e documente tudo o que ele está sendo contratado para fazer.

Colha a assinatura do mesmo antes dele começar a trabalhar na empresa.

Como empreendedor, procure ser o mais honesto e correto possível para com as responsabilidades salariais e sociais dos seus colaboradores.

Pague sempre em dia seus funcionários, recolha na data e corretamente seus encargos sociais e principalmente controle tudo, tenha tudo anotado e documentado, faça um arquivo e guarde todos os comprovantes de pagamentos por pelo menos cinco anos.

Isso evitará grandes problemas que você como empreendedor possa vir a ter e por certo, em algum momento da vida, terá.

Conheci em 2010 um empreendedor no ramo de segurança patrimonial e escolta de cargas.

Por questões pessoais manterei seu nome e de sua empresa em sigilo.

Somos amigos até hoje e a cada dia eu aprendo mais com ele sobre superação.

Este empreendedor era um homem muito honesto que tinha vindo de baixo, começado do zero e se feito sozinho.

Ao longo dos anos sempre trabalhou com muita determinação, acordava as 4 horas da manhã, montava sua equipe e ia para o trabalho.

Sempre tratou com muita seriedade e honestidade seus funcionários e seus fornecedores.

Por ter um coração muito bom, acreditava em todo mundo e vivia sua vida sem desconfiança de nada nem de ninguém.

Ao longo dos anos ele foi crescendo e logo já estava com uma empresa grande, tinha 30 veículos, 150 funcionários, uma bela sede e tudo mais.

Tudo ia muito bem e ele com seu enorme coração confiava verbalmente em todo mundo, funcionários, fornecedores, não tinha procedimentos para nada, não documentava nada, pagava muitas vezes informalmente e por aí adiante.

Foi então que as coisas começaram a acontecer contrariamente.

Logo começou a ter problemas com funcionários mal contratados, advogados que o abandonaram em meio às audiências milionárias que seus funcionários promoviam contra ele, fornecedores que começaram a abusar de sua confiança e a coisa se tornou praticamente insustentável.

Pouco tempo depois a empresa começou seus ajustes e como exemplo os veículos que eram 30 passaram a ser 3, os funcionários que eram 150 passaram a ser 5 e consequentemente a receita foi caindo, os clientes rompendo seus contratos e a situação começou a ficar precária.

Como ele era e ainda é um homem muito correto, muito trabalhador e determinado, logo se adaptou a atual realidade e começou a trabalhar novamente de forma ajustada.

Já está se reerguendo de novo, mas agora com as lições aprendidas, criou novos procedimentos e começou a contratar melhor seus funcionários.

Neste meio tempo houve uma parte muito longa que aqui resumo no tangente a justiça trabalhista.

É muito difícil para o empreendedor argumentar na justiça do trabalho, contra o trabalhador, pois ela tem uma característica paternalista e muitas vezes se esquece que o fator gerador de emprego no país é o empreendedor.

Este empreendedor teve sérios problemas com a justiça do trabalho mas conseguiu superar todos eles e hoje está com força total no mercado.

Para se empreender é muito importante se precaver com procedimentos, contratação de funcionários e justiça trabalhista.

CAPÍTULO 22 – Apresentação Pessoal é importante

" O marketing que funciona, é aquele que as pessoas param para ver, porque consegue prender irresistivelmente a sua atenção " **Nayara de Melo (empreendedora digital, estrategista de marketing)**

Tenha sempre um marketing pessoal forte e use de boa aparência. A imagem diz tudo, uma bela aparência ou uma bela apresentação dispensa qualquer comentário e atrai vários olhares.

O tema deste capítulo não quer dizer que você tenha que ser uma pessoa bonita de aparência ou que a sua loja ou seu escritório tenham que ser maravilhosos, decorados para dar certo, mas que você tem que estar sempre bem alinhado, com a aparência boa para se apresentar a um cliente e até para servir de exemplo para seus colaboradores.

Um velho ditado militar diz que " A tropa é o espelho do líder ", ou seja como líder, você terá que ser o exemplo para tudo e para todos e nada como seguir um bom exemplo.

Além do mais, muitas vezes você consegue pelo exemplo, posicionar a sua equipe somente através da sua postura e da maneira de agir, sem precisar se quer dizer uma palavra.

O exemplo ensina.

Uniformize de forma padrão seus funcionários, forneça equipamentos para trabalho, esteja você sempre bem vestido com a aparência boa e bem apessoada, mantenha seu escritório, sua loja ou seu ambiente de trabalho sempre limpo e organizado.

Dessa forma, qualquer pessoa que se relacionar com você com certeza já terá de imediato uma bela impressão sobre você e seu negócio e isto já será meio caminho andado para o seu sucesso.

Seja cordial, de atenção aos seus colaboradores e a seus clientes principalmente no pós venda, encante e surpreenda seus colaboradores e seus clientes, fale o necessário e procure ouvir mais do que falar, seja objetivo em suas colocações e opine somente se for solicitada a sua opinião e mesmo assim com reservas.

Demonstre conhecimento sobre o seu negócio, mostre que você também conhece seu concorrente e um pouco de outros negócios e para isso estude bem, esteja por dentro do mercado e suas mudanças.

Certa vez eu estava em um barzinho que costumava frequentar em Moema, um bairro de São Paulo, aos finais de tarde logo após o expediente, eu quase sempre estava lá.

Vez por outra encostava um amigo ou outro e nós costumávamos a bater papo, tomar um aperitivo enquanto o trânsito se acalmava para logo depois irmos para nossas casas e encerrarmos o dia.

Eu naquele tempo comecei a reparar que constantemente passava um homem que estava sempre bem arrumado, barba feita, portava uma pasta de executivo e tinha toda a pinta de um homem de negócios.

Um dia ele encostou-se ao balcão com a nossa turma e começamos a conversar e ele nos contou sobre a sua vida, suas histórias e suas aventuras.

Ao longo dos anos ele havia tido vários negócios, já tinha sido muito rico, depois ficou pobre, se reergueu de novo e tinha muitos altos e baixos em sua carreira profissional.

Mas exatamente naquele momento em que conversávamos nós não sabíamos qual fase de vida ele estava vivendo, e também não achamos elegante pergunta-lo de forma que até hoje permanecemos na dúvida.

Ele passou a frequentar aquele barzinho e por vários meses tínhamos uma turma super legal que se encontrava em alguns finais de tarde para papear.

Ele como era o frequentador mais novo da turma também se mantinha tímido para fazer perguntas.

Depois de alguns meses esta turma se desfez, alguns mudaram de bairro, outros de cidade, outros se casaram e não frequentaram mais o local mas no tangente aquele rapaz que sempre estava elegante e bem aparentado nós nunca soubemos da real situação dele, o que fazia e seu cotidiano. Porém ele sempre foi uma pessoa que chamava a nossa atenção pela sua postura elegante e discreta.

O marketing pessoal é muito importante pois ele sempre demonstrará que você está em posição de igualdade ou superior a qualquer situação e isso evitará que você se exponha negativamente caso um dia esteja enfrentando ou passando por alguma dificuldade ou adversidade.

Mantenha sempre a postura e a firmeza no falar, e no agir.

O marketing pessoal consiste não só em você estar bem aparentado, apresentado e preparado, mas como também o seu negócio estar luzindo.

CAPÍTULO 23 – Cuidado com as aparências

> " Com informações privilegiadas suficientes e US$ 1 milhão de dólares na conta, você pode ir a falência em um ano. " **Warren Buffett (empresário americano, investidor e filantropo)**

Não se iluda com o noticiário abundante.

Quando uma informação ou uma novidade chegar até você verifique muito bem antes de copiá-la ou fazer negócios com ela.

Veja se o mundo inteiro antes já não sabia desta novidade e já não havia feito negócios em cima dela.

Conheço muitos investimentos que foram à falência por causa de muito dinheiro investido em negócios ultrapassados ou baseados em informações ultrapassadas.

Hoje em dia, informações privilegiadas são muito raras, o mercado e as pessoas andam muito atentos a tudo.

Não há novidades ou informações privilegiadas que se mantenham em segredo por muito tempo.

Aquilo que parece ser novidade pode se tornar o seu fracasso, primeiro porque muitos antes de você já investiram nesse negócio e você será mais um e segundo porque o tipo de negócio não comporta mais tanto investidor igual, o seguimento já está esgotado.

Vale aqui lembrar que muitas vezes o seguimento pode estar esgotado em uma região e em falta em outra.

Conheço cidades no Brasil que necessitam por exemplo de uma padaria ou uma confeitaria bem montada enquanto que em São Paulo, se tem aos montes, quase que uma em cada esquina.

Mesmo assim, caso você queira ainda investir nisso, seria aconselhável que já comprasse um negócio que já está andando sozinho e já tem a sua clientela e aí sim, você poderia melhorá-la em diversos pontos como na qualidade do produto ou do serviço, ou no atendimento e assim por diante.

É muito comum à comercialização de negócios que não estão dando certo na mão de uns e depois de vendido começam a dar certo na mão de outros.

CAPÍTULO 24 – O poder do agora

> " Mas acreditar que o futuro será melhor do que o presente nem sempre é uma ilusão. O presente pode ser terrível e as coisas podem melhorar no futuro, e muitas vezes melhoram. " **Eckhart Tolle (escritor e conferencista alemão)**

O pensamento negativo, a ansiedade e o sofrimento estão diretamente ligados ao tempo.

Existe um sentimento de angústia que acompanha o empreendedor geralmente quando ele já teve um negócio fracassado no passado e está começando um novo negócio ou quando ele está já há algum tempo no seu negócio e não está conseguindo crescer.

Pior ainda é quando ele descobre algo novo e depois percebe que muitos outros já estão usufruindo do que ele descobriu.

Na verdade todo esse comportamento é causado pelo acúmulo de preocupações em fazer com que tudo de certo, ou pelo medo de não poder mais dar errado na vida juntamente com a ansiedade de se obter resultados positivos de forma rápida.

Ele começa então a se comparar com os outros, e geralmente se compara com os outros que deram certo e quase nunca pondera aquilo que ele ou os outros aprenderam com o fracasso.

Começa então a gerar-se a si próprio um estresse, um desconforto emocional, uma tristeza profunda, um arrependimento, um ressentimento.

O melhor a se fazer para evitar tudo isso é procurar não entrar nessa vibração negativa, encadeadora de todos estes sentimentos depressivos.

Fique com a ideia inicial de sucesso, com os ideais planejados inicialmente na realização do seu novo negócio e acima de tudo mantenha a fé.

Não ouça aquela voz interior que te leva pra baixo ou para a desistência mas permaneça com aquele desejo inicial de vitória.

O comportamento condicionado ao positivo com certeza te fará permanecer seguindo em frente de forma vencedora.

Ademais, na fé, é importante acreditar que aquilo que está de bom em nosso coração, só está lá porque Deus fala conosco e nos coloca ideais de vitória em nosso eu interior.

Fomos feitos para sermos vencedores e não há nada que vá contra isso.

Considerações finais

> " As pessoas passam metade da vida pensando em fazer alguma coisa e a outra metade explicando porque não fizeram. " **Rolim Amaro (empresário brasileiro, piloto de aeronave, dono e fundador da TAM)**

Toda grande caminhada começa pelo primeiro passo.

Assim é o empreendedorismo, nasce sempre de um sonho ou um desejo de se fazer algo que nunca foi feito ou pelo menos que nunca feito com qualidade diferenciada.

São inúmeras as invenções já realizadas e mais inúmeras as que ainda hão de se realizar; são incontáveis aqueles que já empreenderam e mais incontáveis ainda aqueles que hão de empreender.

Sempre haverá espaço para aqueles que sonham e tem a coragem de ir em busca dos seus sonhos e da sua realização pessoal.

Haja com coragem, com decisão, com determinação, planeje seu negócio, sua vida, mantenha sempre a ordem e a disciplina elevada e procure ter bons relacionamentos, sadios e altruístas; pratique esportes, isso te ajudará a manter - se sempre disposto e saudável.

Confie em Deus e conecte-se com ele, isso te trará paz de espírito, paz interior e proteção; e lembre-se que o corpo é o templo do espírito, uma mente sã e um corpo são, transformam o universo e te colocam em vantagem sobre qualquer adversidade que se venha a afrontá-lo ou afrontá-la. O sonho que é sonhado sozinho é somente um sonho; Compartilhado, se torna uma realidade!

Sucesso!

Fabio Caram